This Notebook

Aa Bb Cc Dd Ee Ff Gg

Hh Ii Jj Kk Ll Mm Nn

Oo Pp Qq Rr Ss Tt Uu

Vv Ww Xx Yy Zz

0 1 2 3 4 5 6 7 8 9 10

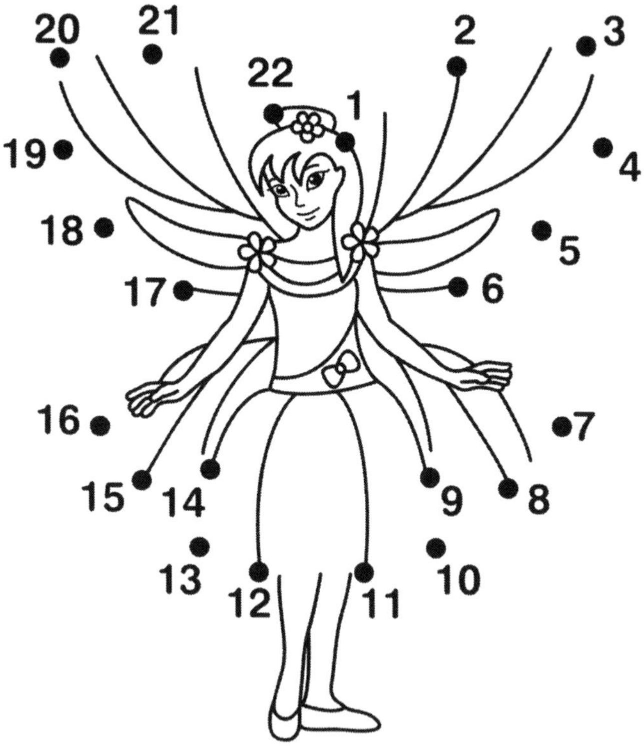
20
21
22
1
2
3
19
4
18
5
17
6
16
7
15
14
9
8
13
12
11
10

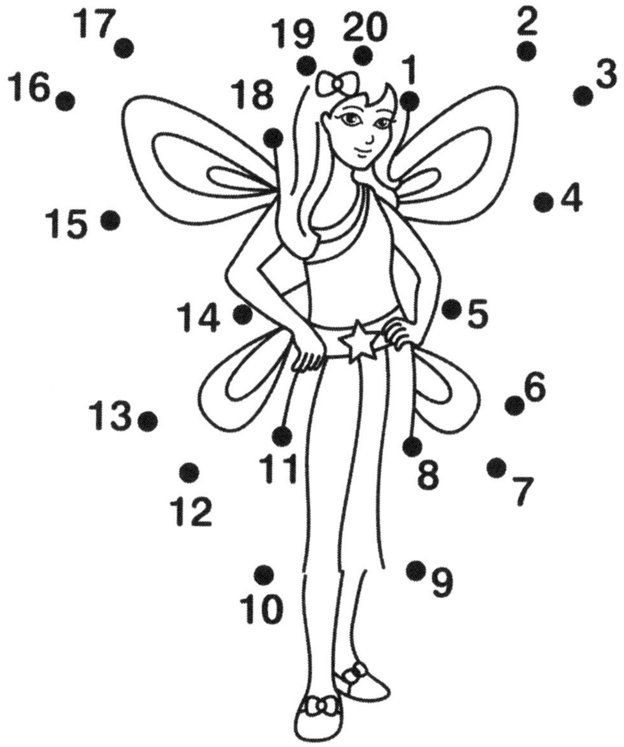
17
19
20
2
16
1
3
18
15
4
14
5
13
6
11
8
7
12
10
9

1
2
3
4
5
6
7
8
9
10
11
12
13
14
15
16
17
18
19
20
21
22

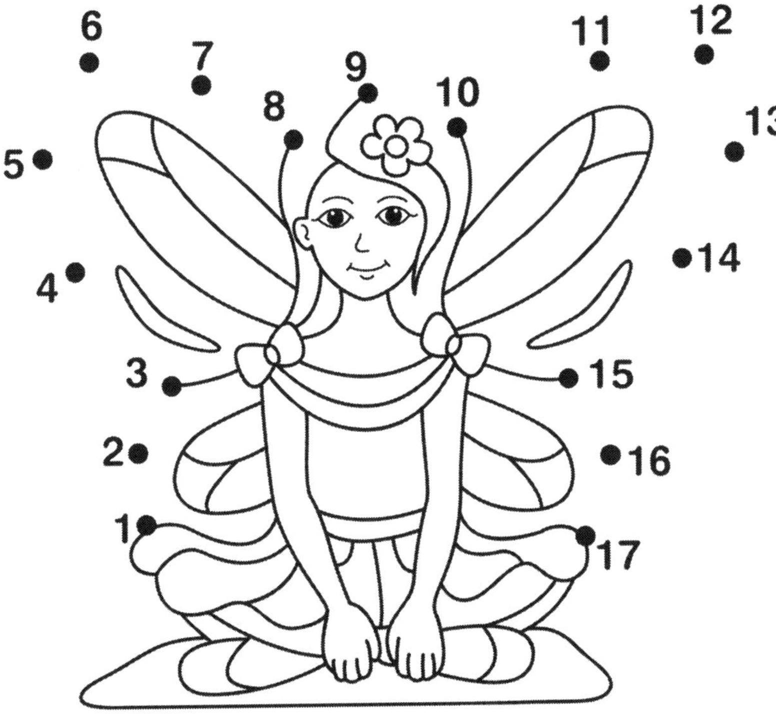

1
2
3
4
5
6
7
8
9
10
11
12
13
14
15
16
17

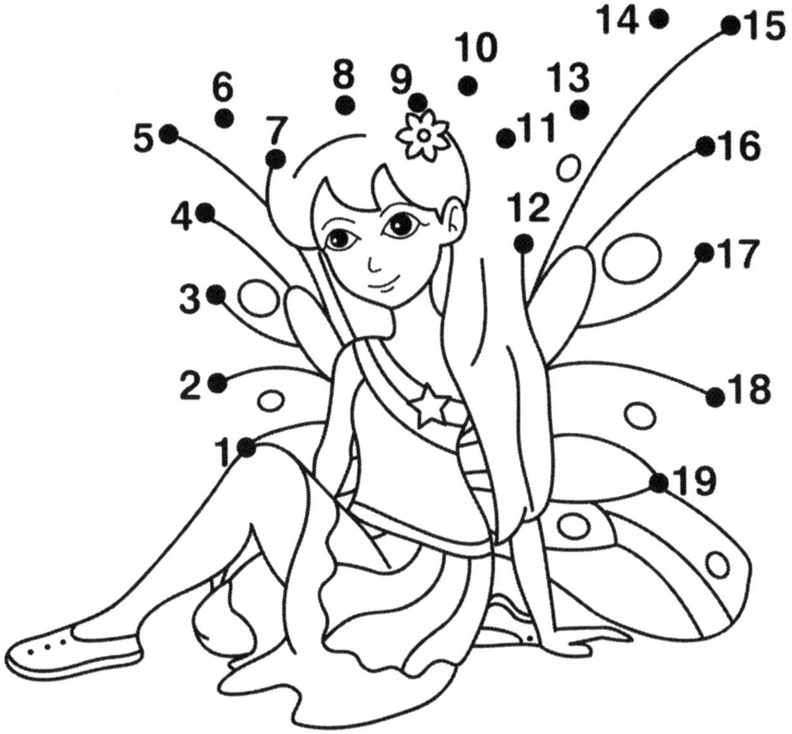
1
2
3
4
5
6
7
8
9
10
11
12
13
14
15
16
17
18
19

Made in United States
Orlando, FL
06 September 2022

22053924R00061